VICTOR BARRUCAND

M. Drumont
et l'Algérie

MUSTAPHA
IMPRIMERIE ALGÉRIENNE
1902

VICTOR BARRUCAND

M. Drumont
et l'Algérie

MUSTAPHA

IMPRIMERIE ALGÉRIENNE

1902

Dans une intention de propagande républicaine, quelques personnes nous ont demandé, à la veille des élections du 27 avril
1902, de réunir les polémiques et les articles de discussion, que
nous avons consacrés dans « Les Nouvelles » à la critique de l'œuvre
politique de M. Drumont, envisagée au point de vue algérien.

Ces chroniques, écrites au jour le jour, constituaient, à notre
avis, plutôt une succession qu'une suite méthodique et voulue,
équilibrée dans ses proportions. A les reprendre toutes, elles
eussent composé un volume peu maniable et répondant mal aux
nécessités du moment.

Nous nous sommes donc contenté de chercher dans la collection de nos articles, échelonnés sur une durée de dix-sept mois,
les éléments d'une brochure rapide, présentant le débat sous
ses aspects essentiels, en lui conservant son allure de comba-
tivité journalière.

Cette brochure, intitulée : « M. Drumont et l'Algérie ». étudie
les rapports d'un antisémitisme exotique avec les questions algériennes, et s'inspire plutôt des principes républicains nécessaires à la prospérité matérielle et à la grandeur morale de la
Colonie, que d'un sentiment d'animosité personnelle.

Nous nous sommes gardé d'apprécier en M. Drumont l'homme
privé, pour ne nous inquiéter que du personnage politique, épris
d'un idéal contradictoire au nôtre, et qui dénatura le sens des
aspirations algériennes en les inféodant à son sectarisme et à son
ambition.

Si cette œuvre de circonstance pouvait contribuer au succès des
idées durables qu'elle invoque, elle répondrait au but utilitaire
qu'on s'est proposé en la publiant hâtivement. — V. B.

M. DRUMONT ET L'ALGÉRIE

Dans les derniers jours de décembre 1901, le Budget Algérien fut approuvé par le Parlement Métropolitain, et l'on s'aperçut que, dans son désir de combattre à tout prix le Cabinet Waldeck-Rousseau, M. Drumont, député d'Alger pour la première circonscription, s'était prononcé *contre* le Budget Algérien.

Mais il parut, deux jours après, qu'il y avait eu maldonne, et M. Drumont, qu'on n'entend guère à la tribune, en profita pour prendre officieusement la parole dans la presse :

« L'erreur provient probablement, disait la note glissée par M. Drumont à l'*Officiel*, de ce que les amis politiques du député d'Alger (lisez la Droite monarchiste) ayant, conformément à une déclaration faite à la tribune par M. Georges Berry, décidé de voter contre les douzièmes provisoires, son bulletin fut joint aux leurs, et *qu'on ne songea pas*, en le faisant voter ainsi, que le texte approuvant le Budget Algérien faisait partie intégrante de celui sur les douzièmes. »

Que pensez-vous de cette rectification laborieuse ?

Pour notre part, nous trouvons qu'elle aggrave singulièrement le cas du député d'Alger.

Ainsi, M. Drumont se désintéresse tellement des questions les plus vitales pour l'Algérie qu'il abandonne sa voix à ses amis du Drapeau blanc.

Dans ces conditions, ce n'est plus M. Drumont qui nous représente : c'est la Droite.

Nous savons bien qu'au fond cela ne change rien à l'affaire ; mais on pouvait penser que notre député n'en conviendrait pas avec autant de désinvolture.

Franchement, c'est aller trop loin dans le « *je m'en fichisme* », ou dans la trahison politique. C'est se moquer de l'Algérie à un point jamais égalé.

On n'ignorait pas que M. Drumont pensait beaucoup plus à son journal, qui lui rapporte cinquante mille francs par an, qu'à son mandat de député ; et nous voyons que la comptabilité du directeur de la *Libre Parole* est toujours bien tenue ; mais il n'en est pas moins vrai que, du côté parlementaire, les Algériens qui ont envoyé Drumont à la Chambre n'en ont pas pour leur argent. Leurs intérêts sont sacrifiés à la clientèle des curés de campagne.

Notre étrange député se soucie beaucoup plus de joindre son bulletin à ceux de MM. Georges Berry, Cassagnac, Baudry d'Asson, Lanjuinais, Castellane, que de savoir ce qu'il vote.

En rectifiant la position maladroite qu'on lui avait fait prendre à propos du Budget Algérien, sans y entendre malice, M. Drumont nous montre une fois de plus qu'il n'est, en temps ordinaire, qu'un instrument de la réaction monarchiste.

Nous appelons sur ce point toute l'attention des électeurs de bonne foi et nous leur demandons :

Croyez-vous qu'un député qui ne s'appartient pas puisse vous appartenir ?

Croyez-vous que M. Drumont est libre de porter à la tribune autre chose que des diatribes, des insultes et du scandale ?

Dans quelle occasion, quel jour, en quels termes a-t-il parlé des questions algériennes ?

Ceux qui s'en sont remis à lui du soin de les représenter ont donc abdiqué purement et simplement leur opinion républicaine. Les voix qu'ils donnaient à leur mandataire, celui-ci est allé les porter à la Réaction.

Étrange marché politique, dont nous faisons les frais.

Quelques naïfs nous diront, après cela, que M. Drumont, s'il ne défend pas l'Algérie au Parlement, ne perd pas une occasion d'attaquer, dans son journal, ceux qui ne partagent pas ses convictions religieuses.

A ceux-là nous demandons encore :

Pensez-vous que M. Drumont fasse beaucoup de tort aux Juifs en les attaquant, comme il le fait, par métier, avec une ponctualité organique ?

Nous pensons, nous, que très malin, M. Drumont a su faire de la question antisémite son pot-au-feu et son pain quotidien — avec beaucoup de beurre dessus.

Et voilà pourquoi il ne manque pas un seul jour de nous servir cette tartine... Mais c'est lui qui la mange.

La Vraie Question

Dans un portrait littéraire paru autrefois au *Figaro*, et que relève l'*Antijuif Algérien*, nous voyons que M. Edouard Drumont est ainsi dépeint :

« Ce qui éclate dans toute sa personne, et ce qu'il ne cherche guère à dissimuler, c'est le mépris que lui inspirent la turbulence sans but, l'action sans objet... »

— Si cela pouvait être vrai, nous voudrions que le directeur de la *Libre Parole* fût assez libre pour se demander quel est le but de la turbulence dont on l'entoure.

Être député d'Alger, cela peut flatter son amour-propre, lui donner un prestige politique que la France lui a toujours refusé.

Mais le malicieux portrait qu'on tient à lui remettre sous les yeux dit encore :

« M. Drumont s'absente volontiers de la Chambre, jugeant sans doute que des soins plus sérieux le réclament et que la *plume libre* de l'écrivain vaut bien la *parole serve* du député. »

M. Drumont, ne fait donc pas grand cas, dans cette interprétation, du mandat que ses électeurs lui ont confié.

Et puis, la vraie question qu'il devrait se poser n'est-elle pas celle-ci :

Puis-je servir les intérêts algériens ? Mon action coloniale peut-elle être bonne ?

Une expérience de quatre ans a dû l'édifier amplement.

M. Drumont sait à l'heure actuelle qu'il ne peut rien faire pour donner satisfaction à ceux qui l'on élu, et il sait de plus que sa représentation nous a été contraire, qu'elle nous a compromis vis-à-vis de la Métropole.

Il ne doit pas ignorer non plus la grave crise que nous traversons, et dont nous ne pourrons heureusement sortir qu'en consolidant notre crédit, en ramenant ici l'ordre, la tranquillité, en évoluant vers une politique sage, pratique, résolument républicaine et progressive, en attirant avec la confiance, les capitaux qui nous ont fui.

Il nous faut des routes, des chemins de fer, des barrages, des travaux de colonisation ; il nous faut une industrie, une agriculture prospère et des débouchés commerciaux : il nous faut la paix... et M. Drumont nous apporte la guerre.

Ce n'est point de la polémique que nous faisons-là : nous constatons des faits, nous exposons sans passion, sans haine une réalité bien cruelle.

Antisémite ou Antialgérien ?.

La nécessité politique de défendre les intérêts algériens méconnus ou trahis, nous force à parler longuement de M. Drumont.

Ce n'est point que sa personnalité nous intéresse outre mesure.

En une étude de deux cents lignes, on pourrait, sans effort, déshabiller ce nabi rabâcheur et montrer, sous ses draperies orientales, un simple épicier, falsifiant son poivre et ses denrées, vendant à faux poids quelques idées de conserve, et ramenant toutes les spéculations sociales, philosophiques et religieuses aux intérêts de sa petite boutique.

A force de manger du Juif, il a fini par s'imprégner d'eux. Ses intérêts, d'ailleurs, sont trop liés aux leurs pour qu'il nourrisse contre eux une antipathie bien profonde. A tout le moins les aime-t-il comme le berger aime son troupeau.

Son champ de rapport, c'est la vigne de Naboth.

Il a commencé par ramener l'immensité et la complexité des grands problèmes humains à un point unique: il a fait croire à quelques pauvres gens qu'ils devaient, négligeant leurs intérêts les plus essentiels, ne plus voir en toutes choses que le Juif et l'Antijuif.

Cela est bien flatteur pour les fils d'Israël, mais aussi bien vexant pour ceux qui voudraient considérer dans la race de Sem de la substance humaine, sans aristocratie spéciale.

Quoi qu'il en soit, et quoi qu'on puisse penser du bien ou du mal que M. Drumont a fait aux Juifs, — nous pensons, pour notre part, qu'il leur a fait plus de bien que de mal — les vues étroites de M. Drumont nous obligent à confronter souvent les événements à sa formule d'inquisition, pour montrer que cet homme se moque de nous quand il nous fait voir la lune et l'univers par le petit bout de sa lorgnette.

Nous sommes encore amenés à nous occuper de

lui dès qu'il s'agit de l'Algérie, parce que son chapeau de Basile tient beaucoup de place devant notre soleil, et que malheureusement il cache notre vrai caractère à la Métropole.

Ce pasteur, qui donne la vie de ses brebis pour la conservation de son existence, n'avait pas trouvé de troupeau en France: il se pavane depuis quatre ans dans les couloirs de la Chambre avec le titre de représentant de l'Algérie. Quand il ouvre la bouche, pour applaudir Cassagnac, Georges Berry ou Baudry d'Asson, on dit que c'est nous qui bêlons.

En quoi toutes ces histoires de chouannerie et de contre-révolution peuvent-elles cependant intéresser les colons de la Nouvelle-France ?

Il y a dans l'attitude, dans les écrits, dans le passé, dans les votes d'hier de M. Drumont, et dans ses marchandages politiques de demain, quelque chose qui nous est tout à fait étranger. Il y a dans les théories nationalistes qu'il professe sur le boulevard Montmartre quelque chose de très insultant pour nos frères latins d'Algérie, qui sont des *dénationalisés* ; il y a enfin dans sa politique de casse-cou, opposée à celle de tous les républicains qui ont relevé la France de la boue sanglante de Sedan, un véritable danger pour notre avenir colonial.

Le colon, pour qui la question de sécurité est si importante, peut se croire beaucoup plus menacé par les maraudeurs indigènes que par M. Drumont. Au bout du compte, celui-ci, s'il respecte ses champs d'orge, ne laisse pas que de lui prendre impunément son crédit et sa réputation.

Il a créé autour de nous une légende qui nous étouffe ; l'auréole qu'il nous a mise au cou est un carcan.

Il nous parlait encore hier du « fécond exemple que les Algériens donnent à la Métropole, où les meilleurs, disait-il, sont toujours prêts à désespérer quand le succès ne couronne pas immédiatement leurs efforts ».

Quel exemple?

Si la Métropole a pris Alger en exemple, quand elle a vu la grande cité africaine voter pour M. Drumont, c'est probablement pour apprendre de nous ce qu'il ne faut pas faire.

Là, nous sommes d'accord avec le polémiste vantard : l'exemple a été fécond, très fécond. La France entière, la France républicaine tout au moins, a fait masse contre lui et contre nous.

Le seul souci des intérêts algériens les plus directs, et de la vérité profitable à tous, nous guide quand nous appliquons à M. Drumont, non pas la « question » qu'il rêva pour d'autres, mais l'inflexible critique de la raison qui cherche en tout le vrai et le juste, sans passion, sans colère, froidement.

Et voilà pourquoi nous insistons sans craindre de nous répéter, car M. Drumont nous fait un tort inépuisable.

Et voilà pourquoi nous nous entêtons à le combattre, en lui opposant les intérêts algériens qu'il a méconnus ou trahis, les intérêts du prolétariat qu'il a dupé, les intérêts supérieurs de l'humanité et de l'avenir, contre lesquels il s'est inscrit, avec un génie diabolique, pour un peu d'or ravi au tronc des églises, pour des couronnes de papier, pour des satisfactions d'amour-propre frelaté, pour le tapage et la poussière de quelques années perdues.

Un Homme Néfaste

Qu'on se rappelle le débat parlementaire sur les événements de Margueritte et les sorties intempestives de M. Drumont.

Dès le début de l'interpellation, nous disions :

« Le débat s'égare et cherche un tournant pour rejoindre la question antisémite : la qualité des interpellateurs devait amener ce résultat. Il appartiendra à M. Waldeck-Rousseau de ramener la discussion sur son véritable terrain, et de proposer les mesures qui doivent mettre fin à toutes les agitations, *à tous les fanatismes...* »

Quinze jours après, nous caractérisions ainsi l'attitude de M. Drumont :

« Si le directeur de la *Libre Parole* n'était pas un sectaire aveugle, en même temps qu'un gaffeur émérite, il s'apercevrait que ses interventions tournent toujours contre lui et contre ses amis...

« La réponse de la Chambre sera simple : elle se prononcera contre toutes les causes de désordre, — et l'antisémitisme sera énergiquement réprouvé. ».

Or, dans sa séance du 14 juin 1901, la Chambre, par 323 voix contre 82, vota un ordre du jour, qui débute ainsi : « La Chambre réprouvant tous les *fanatismes* et les querelles de race et de religion, etc...»

C'était fatal : l'interpellation des antisémites leur retombait sur le nez.

Quant à la maladresse de M. Drumont, elle dépassa tout ce qu'on pouvait en attendre.

Chargé de défendre les intérêts de l'Algérie au Parlement, le député de la 1re circonscription ne sut que se faire expulser, et souleva contre lui l'unanimité du sentiment républicain.

Voilà l'homme en qui la ville d'Alger avait placé sa confiance ; voilà celui qui nous représentait !

Sa puissance de logique et son prestige de parole étaient si forts, qu'ils aboutissaient infailliblement à grouper tout le monde.... contre lui.

C'était le succès à rebours.

Encore une fois, les questions algériennes disparaissaient sous le chapeau de l'inquisiteur.

Quand les Algériens voudront-ils se rendre à l'évidence, et constater ce qui apparaît clairement aux yeux de tous : à savoir que notre Colonie n'a jamais eu à combattre un plus redoutable ennemi que M. Drumont ?

Cet homme nous a fait, depuis quatre ans, un tort immense. Il se propose de continuer, avec cynisme et tranquillité, et ne s'arrêtera que le jour où nous l'arrêterons.

Que lui importe le discrédit, dont il frappe l'Algérie républicaine ? Il en profite personnellement pour augmenter en France sa clientèle réactionnaire.

Et, comme ses appointements de député ne sauraient balancer son traitement de rédacteur en chef à la *Libre Parole*, il est bien naturel qu'il penche du côté le plus intéressant pour lui.

La Force de M. Drumont

Drumont est une puissance, disent quelques-uns. Nous répondons : c'est un obstacle à toute réforme.

Voyez l'accueil que le Parlement français fait au député d'Alger : on s'écarte de lui comme d'un pestiféré. Il suffit qu'il formule un vœu politique — ce qui lui arrive du reste rarement — pour qu'aussitôt la majorité républicaine fasse bloc contre lui. Que lui importe cela, puisqu'il n'est là que pour renforcer la Droite d'une voix... Mais pendant ce temps, l'Algérie antisémite espère ; oui, elle a la naïveté d'espérer et d'attendre le jour où M. Drumont renversera le Ministère, l'heure fatidique où, devenu chef du pouvoir exécutif, il donnera le signal des massacres religieux.

— Vous exagérez, dira-t-on. — Point du tout. Car si ce n'est pas cela, qu'est-ce donc ?

La défense de la Villa Bon-Accueil n'était qu'une farce, un opéra-bouffe italien à la manière de Cimarosa. Pour donner l'illusion de la grande musique, il aurait fallu une orchestration plus nourrie, et d'abord quelques canons, beaucoup de canons. Sans quoi la Métropole eût encore imposé sa règle et sa mesure.

En grand ou en petit, la révolution antisémite ne sera jamais que le Fort Chabrol ou la Villa Bon-Accueil.

Qu'un enfant de Bab-el-Oued, comme le primesautier Cagayous, puisse à la rigueur limiter son patriotisme à la grandeur de ses yeux, et raisonner du vaste monde par ce qu'il sait du môle et de la Cantère, cela n'est qu'original et ne présente aucun danger, puisque Cagayous ne sera jamais dictateur, encore qu'il ait été candidat contre M. Régis : — mais que des hommes au-dessus de seize ans puissent tenir un raisonnement analogue, et qu'ils ne voient pas que M. Drumont est un onctueux charlatan se moquant d'eux effrontément depuis quatre ans, et disposé à récidiver, cela passe la vraisemblance.

— Comment expliquez-vous, dira-t-on encore, que Drumont et son neveu Régis aient gardé quelque pouvoir d'illusion ?

Nous l'expliquons par la terreur qu'ils inspirent ; c'est-à-dire par la faiblesse de l'opinion publique. On se figure que ces hommes sont forts : ce sont des mannequins vides.

Mais l'Algérie républicaine est encore timorée. La moindre allusion dans le *Cochon* ou dans l'*Antijuif* fait trembler des fonctionnaires puissants. Que n'essayent-ils de donner du pied dans tous ces épouvantails, que n'osent-ils chercher le Nord où il est, c'est-à-dire dans la Métropole, au lieu d'osciller comme des boussoles dans l'orage.

Ah ! si l'exemple venait de haut, si tous les fonctionnaires représentaient ici le véritable esprit républicain, émanation de justice, de fermeté et de générosité, nous aurions bientôt fait de mettre à la raison tous ces métis politiques, issus d'unions inavouables entre la réaction et la plus basse démagogie.

Puissance Nuisible

La comédie continue, mais elle aura une fin. Elle aura une fin parce qu'il faut vivre, et que l'Algérie se lassera un jour d'être sacrifiée à des théories sans avenir.

En quatre ans, M. Drumont nous a donné la mesure de ses forces. Il a fait tout ce qu'il fallait pour nuire à la Colonie, et rien de ce qui pouvait la servir.

Considérera-t-on comme un mérite à son actif

qu'il soit isolé, tenu à l'écart par tous les républicains de France, traité en pestiféré du moyen âge ? Cet isolement, qui pourrait avoir sa grandeur, s'il était celui d'un esprit généreux, en révolte contre les préjugés de la foule, est au contraire infamant, dès qu'il met en lumière les instincts réactionnaires dont fait parade le député d'Alger.

M. Drumont ne marche pas en tête de la démocratie : il a été laissé en chemin comme un traînard éclopé. Pour rallier le gros des troupes républicaines, il faudrait qu'il jetât dans le fossé son encombrant bagage de cléricalisme et de monarchisme ; il faudrait qu'il se refît une sensibilité et une pensée à l'école des philosophes précurseurs de la Révolution.

Voilà plus de cent ans que M. Drumont est mort, quant aux idées... et nous restons accolés à ce cadavre, et nous ne craignons pas la peste...

Eh bien ! la peste se chargera toute seule de se faire craindre !

Elle fauche au hasard, dans notre belle Algérie, et les amis de M. Drumont en savent quelque chose...

Mais non, cet homme ne sera pas assez fort pour consommer la ruine de tout un peuple. Il n'aura fait que nous attarder. Jamais M. Drumont, fût-il assisté de M. Régis et respectueusement suivi de M. Gaston Méry, n'aura en main les armes qui lui permettraient de triompher, de réaliser son rêve inhumain et de planter sa croix d'inquisiteur sur des décombres.

Tant que nous l'aurons à notre tête, il ne sera que de nom législateur. La législature se fera sans lui et contre lui ; elle se fera par la volonté libérale de la France.

L'*Antijuif*, qui ramasse les miettes de la table de M. Drumont, n'hésite pas à nous dire, en parlant de lui : « qu'il possède à Paris une influence considérable, que *sa plume, en crissant sur le papier, ébranle le banc des ministres* et souvent le chavire dans les cloaques de leur infâme politique... ».

Si l'Algérie n'a que cette rhétorique de carrefour à se mettre sous la dent, elle risque fort de crier famine.

La vérité, nous le répétons, c'est que M. Drumont n'a de puissance que pour nous nuire.

Que ceux qui vivent à ses crochets chantent ses louanges, cela peut encore se comprendre ; mais si généreuse que soit la caisse noire, elle ne remboursera jamais à l'Algérie tout l'argent, tout le crédit, toute la considération qu'il lui aura fait perdre.

Ces vérités matérielles parleront un jour assez haut pour faire taire la voix des histrions qui se flattent de régner sur ce pays.

Antisémitisme Commercial

Nous avons déjà parlé de l'antisémitisme commercial de la *Libre Parole*, et, sur ce point, des amis très intimes de M. Drumont, comme M. Jules Guérin, nous ont fourni des indications aussi précises que précieuses.

Ce qu'il faut qu'on sache aujourd'hui, c'est que M. Drumont a toujours vécu du Juif. Il en a vécu longtemps en servant les financiers israélites : il en vit aujourd'hui en les attaquant.

Si nous avions le loisir de feuilleter toute la collection de la *Liberté* qui fut longtemps la propriété des *Péreire*, nous y trouverions des articles de la plus basse courtisanerie à l'égard d'Israël, notamment l'éloge d'Emile Péreire, paru le 9 janvier 1875, sous la signature d'Edouard Drumont. Trois ans plus tard, en 1878, mourait Isaac Péreire, et M. Drumont lui consacrait quinze pages d'oraison funèbre dans la *Revue Contemporaine*. L'article débute ainsi :

« Ce que nous disions d'Emile Péreire s'applique en toute justice à Isaac ; car les deux frères, en qui se confondaient les juvéniles espérances, furent associés aux mêmes travaux, coopérèrent ensemble à l'organisation merveilleuse du relèvement économique du XIXme siècle. Tous deux auront une part égale dans l'admiration qu'inspirera à la postérité la révolution

pacifique accomplie par quelques hommes, à l'aide
du seul levier de la pensée.

« Ne vous y trompez pas, en effet, quand l'heure
sera venue de la considérer dans son ensemble et
de la juger dans ses proportions exactes, cette œuvre
excitera autant d'étonnement que l'œuvre même de
Napoléon 1er. »

Comment se fit donc la conversion du philosémite
Drumont à des principes en apparence tout contraires?
De la façon la plus naturelle du monde, par un
changement de front dans les batteries de l'écrivain.
De la même encre qui illustrait la finance juive,
notre *penseur* estima qu'il pouvait la salir, et s'en
faire des rentes.

Il édifia donc son monument de tous les potins
d'antichambre qu'il avait pu recueillir dans le service,
et composa ce qu'un magistrat appela le « Bottin de la
Diffamation. »

A la *France Juive* devait succéder la *Libre Parole*.
L'histoire de la fondation de ce journal mérite qu'on
s'y arrête.

Pour créer la feuille dont il avait besoin, M. Drumont s'adressa à un homme d'affaires du nom de
J.-B. Gérin, qui devait plus tard échouer à Mazas.
Ce Gérin était alors directeur du *National*, il venait
d'adresser une circulaire aux banquiers juifs pour
les intéresser à son journal.

On y lisait des phrases de ce genre:

« Les Israélistes sont depuis quelque temps en
butte aux calomnies les plus odieuses qui s'étalent à
l'envi dans les colonnes d'une certaine presse : des
personnes éminentes qui appartiennent au judaïsme,
et qui se préoccupent non seulement de son avenir
mais de sa sécurité présente, ont pensé qu'il serait
nécessaire qu'un organe sérieux prît leur défense...

« Dans ces conditions, j'ai l'honneur de vous
demander votre concours, etc. »

Les financiers israélites n'ayant point répondu à
cet appel de fonds, le sieur Gérin pensa qu'il fallait
frapper autrement à leur caisse et s'aboucha avec

M. Drumont qui s'était fait une réputation d'écrivain à scandale.

Entre ses deux hommes un accord intervint, un plan de campagne fut élaboré, et, bientôt, sur papier à en-tête de la *Semaine Financière*, journal dont M. Gérin était propriétaire, fut lancée, en date du 14 avril 1892, une circulaire dont le ton différait beaucoup en apparence de celle du *National*, en s'inspirant toutefois des mêmes raisons financières.

Qu'on en juge :

« Monsieur,

« Nous nous permettons d'attirer toute votre atten-
« tion sur la communication *confidentielle* suivante :

« M. Edouard Dramont, le célèbre auteur de la
« *France Juive* et de tant d'autres ouvrages qui ont eu
« un succès retentissant, va continuer par le journal
« l'œuvre qu'il a si brillamment commencée par le
« livre.

« Notre Société a accepté de se charger de l'orga-
« nisation financière de ce journal qui aura pour
« titre la *Libre Parole*...

« Le talent, la popularité et la vaillance de
« M. Edouard Drumont, *qui possède les éléments*
« *inédits de plusieurs campagnes très passionnantes*,
« assureront à son journal une vogue au moins égale
« à celle obtenue par l'*Intransigeant* et l'*Autorité* qui
« sont des entreprises excessivement fructueuses.

« La Société du journal la *Libre Parole* a été
« définitivement constituée, le 2 avril, en Société en
« commandite simple par parts d'intérêts ; celles-ci
« sont au nombre de huit cents, sur lesquelles nous
« avons pu en réserver un certain nombre que nous
« pouvons céder à 2.000 francs chacune jusqu'au
« 20 avril, jour où doit paraître le premier numéro
« de la *Libre Parole*...

« Nous attirons votre *attention* sur ce point *que les*
« *parts sont au porteur ; vous êtes donc absolument*
« *couvert* par l'anonymat... »

Plusieurs banquiers juifs, dont M. Jules Guérin nous a donné les noms, souscrivirent pour éviter d'autres chantages.

N'insistons pas.

M. Drumont, en s'établissant professeur d'antisémitisme, n'avait donc pas en vue que l'argent juif à
pêcher en eau trouble par les meilleures amorces.

L'entreprise devait prospérer, autant par la faiblesse des uns que par la sottise des autres.

Les attaques à la finance juive, auxquelles on
pouvait à l'origine attribuer une portée sociale
dépassant de beaucoup les prévisions mesquines de
l'entrepreneur, ont été ensuite canalisées, mises
franchement au service de la Réaction.

La *Libre Parole* a trouvé sa meilleure source de
profits dans une clientèle cléricale ; l'antisémitisme
quotidien n'a plus été qu'une façade pour masquer
les entreprises politiques les plus louches. Toutes
les communications royalistes sont accueillies à la
Libre Parole ; toutes les communications républicaines en sont bannies. Cassagnac et Drumont
combinent leurs efforts contre la *Gueuse*.

La République, il est vrai, se rit de leurs attaques.
Mais il faut un certain cynisme à M. Drumont pour
oser se dire républicain.

Pas une circonscription métropolitaine ne souffrirait
qu'on se moquât d'elle comme on se moque d'Alger.
Mais M. Drumont n'a-t-il point marqué le degré
d'estime où il tenait les Algérois quand il les qualifiait
d'*écume* ? (Voir la *France Juive*.)

De cette écume, comme du sémitisme, et comme du
cléricalisme, l'écrivain sans scrupules a su se faire des
rentes. Mais son œuvre honteuse, son œuvre de
ruine est de celles que la conscience française
repousse.

Rien de vivant, rien de positif, rien de généreux
n'est en elle : c'est une œuvre de haine et de mort.

Laissons-donc M. Drumont à ses affaires et pensons
aux intérêts supérieurs de l'Algérie qui ont subi sous
son protectorat de ténèbres une si fâcheuse éclipse.

Persuadons-nous surtout de cette vérité que
M. Drumont n'est qu'un parasite du sémitisme.

LA RÉPUBLIQUE ET L'ALGÉRIE

Petits et grands sont ici des républicains de naissance.

Quels avantages pourrions-nous attendre d'un
changement de régime ? — Aucun. Nous avons au
contraire tout à gagner en marchant d'accord avec la
démocratie métropolitaine.

C'est de ce côté-là que nous trouverons une assis-
tance fraternelle ; c'est avec les majorités républicaines du Parlement que nous obtiendrons satisfaction dans toutes nos demandes coloniales, dès qu'elles
seront conformes au Droit humain.

Nos dispositions naturelles comme nos intérêts
devraient donc nous porter toujours du côté actif de
la République.

Et cependant des réactionnaires avérés comme
MM. Edouard Drumont et Firmin Faure sont, au
Parlement, les représentants de l'Algérie démocratique. C'est cette contradiction, cette anomalie si
préjudiciable qu'il convient de dénoncer sans cesse
jusqu'au jour où le peuple, éclairé, rectifiera la position fausse où l'ont placé des meneurs perfides.

C'est parce que les choses ont une logique intérieure que nous croyons à la défaite finale, dans ce
pays, des nationalistes et des antisémites.

On pourra mettre plus ou moins longtemps à con-
venir de la faute commise ; mais on s'en apercevra
un jour, avec d'autant plus de colère qu'on en aura
souffert pendant plus longtemps.

Or, qui pourrait nier, après quatre ans d'expérience, que le député d'Alger, pour ne parler que de celui-là, ait jamais fait autre chose que de nous traîner à sa suite dans les plus folles équipées réactionnaires ?

Les deux leaders de la réaction sont, à l'heure actuelle, Drumont et Cassagnac. Voilà les défenseurs du cléricalisme.

Que l'un représente le Gers impérialiste, c'est affaire à lui et à ses électeurs; mais que l'autre puisse parler au nom de l'Algérie, cela devient d'autant plus absurde que nous connaissons mieux l'homme qui n'a pour lui d'autres titres républicains que le baptême de M. Marchal.

L'Antisémitisme et la Question Sociale

On parle souvent de socialisme en Algérie, et ceux qui en parlent le plus sont parfois des politiciens équivoques, ne reculant pas devant les accouplements d'idées les plus lointaines.

C'est ici qu'on peut voir l'alliance d'un pseudo-socialiste, comme M. Chaze, et d'un réactionnaire avéré, comme M. Drumont — alliance stérile, il est vrai, et dont la classe ouvrière pourrait attendre longtemps les fruits. Eh bien, c'est à ceux-là aussi, c'est à leurs électeurs égarés, que M. Millerand, dans son discours de Firminy, proposait l'amour de la République comme base solide de tout progrès et de toute justice sociale ; et c'est à ceux-là qu'il disait : « La formule que vous avez adoptée peut vous paraître une formule de révolution, une formule d'impatience et de colère ; mais regardez mieux au fond des choses, et vous verrez qu'en vous isolant du grand courant démocratique vous vous êtes condamnés à l'immobilité d'aujourd'hui et à la Réaction de demain. »

« Nous ne sommes pas de ceux, disait l'*Algérien*, dans son premier numéro (25 mars 1902), qui crient : « Mort aux bourgeois ! » Nous avons le respect de la petite propriété et de la *grande*, lorsqu'elle est honnêtement acquise. »

La restriction mentale qu'on peut lire dans les derniers mots de cette déclaration de principes n'ôte rien à sa tendance ouvertement conservatrice ; car si la question se posait ainsi : « Êtes-vous pour ou contre le vol ? » nous serions tous du même avis, et les voleurs ne trouveraient certainement pas, en France, une majorité pour les absoudre.

Mais il s'agit bien d'autre chose : il s'agit de l'*antisémitisme social* — et pour crever en passant ce petit ballon rouge gonflé de mensonge, qu'il nous suffise d'un coup d'épingle :

« Qui donc sera chargé de contrôler le degré d'honnêteté de cette grande propriété ? »

Décidera-t-on pour plus de simplicité que tous les banquiers israélites, protestants ou musulmans sont des voleurs, alors que la Finance catholique est l'expression la plus haute de l'honnêteté ?...

Et si ce n'est pas cela, qu'est-ce que l'antisémitisme ?

Sésame ! Ouvre-toi !

Ces jours derniers (août 1901) M. Drumont dédiait un de ses articles à M. Soulery, secrétaire de la Bourse du Travail d'Alger.

Ce n'est point qu'il eût à lui exposer la moindre idée pratique, touchant les conditions du travail ou la condition sociale de l'ouvrier. La dédicace n'était là qu'en illustration, en trompe-l'œil, pour faire croire aux naïfs de la province française que la Bourse du Travail d'Alger et M. Drumont sont en excellents termes, et que les critiques réactionnaires du boulevard parisien sont l'expression des besoins algériens.

Au lieu de venir étudier, sur place, les causes réelles de nos misères, M. Drumont trouve plus simple d'atteler l'Algérie à son fiacre, qui ne dépasse pas Fontainebleau.

« Sous les arbres », il pense à nous.

Sa méditation, à vrai dire, n'est pas bien profonde. Qu'il s'agisse de la Bourse du Travail d'Alger ou de la Loi sur les Congrégations, de la mévente des vins ou de l'abolition des privilèges féodaux, à toutes les pages de son livre, à tous les tournants de sa route, à toutes les portées de sa partition, M. Drumont retrouve le même refrain.

Il s'agit, cette fois, de la loi sur les retraites ouvrières.

Dans son principe, sinon dans ses premiers dispositifs, cette loi contient une indication précieuse et nouvelle encore dans notre législation : elle affirme que le travailleur *doit être assuré sur le fonds social*, au même titre, et pour les mêmes raisons, que les autres serviteurs de l'État.

Que cette assurance ne soit pas assez familiale, qu'elle exige de la part des intéressés une contribution trop lourde, cela peut être dit et expliqué fort utilement.

Il est indiscutable que le premier pas fait dans cette voie a été très timide, très hésitant. On a craint de se fourvoyer et d'être obligé de revenir en arrière ; on n'a voulu effrayer personne, et l'on n'a contenté personne, pas même M. Drumont, qu'on ne s'attendait pas à voir plus socialiste que M. Millerand !

Mais il paraît que nous connaissions mal M. Drumont. Ce philanthrope exceptionnel, dont les votes vont toujours grossir ceux de l'opposition réactionnaire, prend aujourd'hui le masque et les mots de Lafargue, pour qualifier la loi sur les retraites de « vaste escroquerie ». Il déclare en outre que, si on ne l'eût pas expulsé de la Chambre, *il aurait voté* tardivement les propositions les plus avancées. Sa retraite forcée devant le peloton de police militaire l'a seule empêché de se lancer dans les voies les plus radicales.

Il n'aurait pas hésité à demander l'impossible : il aurait d'autant moins hésité que les solutions proposées eussent été plus chimériques. Il en convient, du reste, de bonne grâce :

« L'Etat ne pourra jamais suffire, dit-il, aux char« ges que lui imposerait le projet Escuyer ou d'autres « analogues (que j'aurais votés). Les ressources de « ce pays, où le commerce et l'industrie ne peuvent « plus lutter contre la concurrence étrangère, taris« sent peu à peu. Le déficit grandissant chaque jour « démontre ce fait jusqu'à l'évidence. »

En votant ces projets contre sa conviction personnelle, M. Drumont n'aurait donc poursuivi qu'un but, celui de faire de l'opposition à un projet trop timide peut-être, mais pratique sans plus attendre.

On fait la réaction qu'on peut, tantôt à droite, tantôt à gauche : l'essentiel, — n'est-ce pas, — c'est d'entraver tout mouvement.

Mais nous touchons au point où le hoquet habituel de M. Drumont va remonter à ses lèvres prophétiques, brûlées par le charbon d'Isaïe.

D'ailleurs, dit-il, ce n'est pas tout ça : « Les Algériens, en poussant le cri d'*A bas les Juifs* ! n'ont pas seulement prouvé qu'ils étaient des hommes indépendants et fiers, etc.... ils ont indiqué la seule solution possible à la question sociale. »

Ouf ! l'effort intellectuel est accompli ; le sociologue nous a livré le mot magique, qui doit résoudre tous les problèmes.

La formule lui ayant réussi, notre député nous la propose contre la rougeole, l'oïdium, le paupérisme, l'hypocondrie et autres « vapeurs malignes de noire essence. »

Et nous le savons maintenant, — vous le savez, travailleurs des Syndicats, — si cette fameuse « question sociale » n'est pas encore résolue, cela tient, non pas à sa complexité, mais seulement à l'insuffisance de la foi antisémite.

Quand toute la France, quand toute l'Europe, quand toute la terre aura crié trois fois : « A bas les Juifs ! » sur le même ton de fausset que la Munici-

palité d'Alger, les murailles capitalistes tomberont :
et l'Eden, promis aux simples, avec ses ruisseaux de
lait, ses grappes pesantes, ses fruits sans noyaux,
ses roses sans épines, nous conviera au repos de ses
pelouses.

Comment ne le croyons-nous pas ?

M. Drumont nous demande seulement d'essayer...
pour voir.

Oui : mais voilà bientôt quatre ans que notre Muni-
cipalité s'enroue à crier l'impérieux « Sésame, ouvre-
toi ! » et la caverne d'Ali-Baba reste sourde comme
un vieux pot kabyle.

Serait-ce pas que la finance catholique a prié les
Juifs de ne pas céder ?

Des mots furent chuchotés derrière la porte : intérêts communs, intérêts nationaux, conservation
sociale, propriété... que sais-je ?

Les ouvriers algérois ont vaguement idée qu'il y
a, dans toute cette sorcellerie, quelque chose de
plus compliqué que la cervelle de leur député.

L'Antisémitisme tel qu'on le parle

« L'antisémitisme, écrit M. Drumont, dans une
« revue anglaise (*The National Review*) n'a jamais
« affecté la forme d'une querelle confessionnelle, d'une
« guerre religieuse. Si le phonographe avait été
« inventé au douzième ou au quinzième siècle, nous
« pourrions entendre la voix d'un marchand ou d'un
« travailleur de cette époque qui dirait identiquement
« ce que disent les petits commerçants et les travail-
« leurs du XXe siècle. *Les Juifs nous prennent tout.* Ils
« sont partout. Ils s'entendent tous entre eux contre
« nous. Cela ne peut pas durer comme cela ! Voilà le
« véritable antisémitisme tel qu'il est. »

Si par hasard cet article, écrit pour une revue
aristocratique, tombe sous les yeux d'un prolétaire

anglais, le pauvre homme ne manquera pas de se dire : Nous les connaissons bien *ceux qui s'entendent tous entre eux contre nous*. Ils ne sont pas tous venus de Palestine, il en a poussé pas mal sur le sol de la libre Angleterre... Nous la connaissons la chanson de cet écrivain français : c'est la question du Travail et du Capital.

Mais pourquoi n'appelle-t-il pas les choses par leur nom ?

— Pourquoi, pauvre homme ? Tout simplement parce qu'en altérant les données du problème tel qu'il se pose aujourd'hui, M. le Sophiste a la ferme intention d'agiter la question et de s'en servir, mais nullement celle de la résoudre. Bien plus, il espère, par des tactiques de contre-révolution, fausser assez le jugement public, pour ramener en arrière ceux dont l'intérêt est de marcher courageusement en avant.

Ces réflexions viendront naturellement à l'esprit de l'Anglo Saxon positif et précis. De ce côté, M. Drumont ne donnera donc le change à personne ; et si, à Alger, une partie de la population latine a pu se laisser prendre aux artifices du rhéteur réactionnaire, c'est qu'ici la surface économique semblait lui donner raison. Mais le malin compère s'est bien gardé de dire que, pour résoudre la question juive sur ce terrain, il ne faudrait rien moins qu'une Révolution sociale...

Il a jugé plus simple de flatter des préjugés, d'irriter des convoitises. Il a fait servir les passions et les intincts d'une foule aveuglée par une irritante poussière de paroles à son élévation, à son ambition, à sa fortune personnelle. La question sociale, qu'il posait à faux devant les autres, il l'a résolue pour lui.

Voilà quelle a été ici l'œuvre d'illusionniste accomplie par M. Drumont. Nous l'avions bien compris quand il parlait français, nous le voyons encore plus clairement quand il s'exprime en anglais.

Façons de Parler

M. Edouard Drumont écrit, ou fait écrire, dans sa feuille d'Alger (7 avril 1902) :

« *Drumont non réélu c'est le dépiècement immédiat de la nation française.* Voilà pourquoi la France a les yeux fixés sur Alger et compte sur Alger. »

Jamais, vous l'entendez, le député sortant n'oserait écrire cela à Paris. Mais en Algérie et en période électorale on se croit tout permis, même de se moquer du monde, ouvertement.

Il faut, en vérité, que le « profond penseur » ait des idées spéciales sur la mentalité de ses électeurs pour oser se recommander à leurs suffrages en usant de tels boniments.

Avec une modestie qui sent la violette des Bourbons de Parme, il commence par déclarer : « La France c'est moi ! » De notre territoire national, il fait un mouchoir nationaliste, et le fourre dans sa poche avec le sourire d'un escamoteur professionnel ; puis, il ordonne à l'orphéon qui chante *sa* gloire d'entonner *sa* Marseillaise !

« La lutte est circonscrite, disent ces ténors de bonne volonté, entre le Ministère et M. Drumont. »

Et plus loin :

« Voter pour Drumont c'est voter pour la France ! » Hum !...

Mais, d'abord, de quelle France parle-t-on ? Pas de la France républicaine à coup sûr, et, non plus, de la France métropolitaine, où jamais le pauvre Juif-Errant de l'antisémitisme ne trouva un siège législatif où se poser.

Si nous comprenons bien, il s'agit de cette France ambulante qu'on vit flirter pendant la Révolution avec toutes les puissances et mener à la fois ses intrigues à Londres, à Coblentz, à Vienne, à Madrid.

En y regardant d'un peu près, on verra que l'équipage politique de M. Drumont ressemble singulièrement aux fourgons de l'Émigration..

Que veut-il donc tenter, lui qui n'a même pas la potence de Brunswick ?

Les fameuses armées de la bonne cause se flattaient, elles aussi, de remettre la France républicaine à la raison. Le combat qu'on vient nous offrir n'est pas nouveau. Comme ce La Trémoïlle qui avait levé un régiment de hussards à ses frais, et dont le fanion portait : « Sans sortir de l'ornière ! » M. Drumont a lui aussi ses bandes franches et ses grandes compagnies ; quant à sa devise, elle est même un peu plus ancienne que celle du noble dynaste.

Son cri de haine a traversé les âges, il a tonné dans la « Vallée des Pleurs ».

Mais ces formules d'Inquisition, qui firent couler tant de larmes, ne sont plus bonnes aujourd'hui qu'à effrayer les sots

Quoi que dise ou que fasse la *Libre Parole*, il ne lui appartient pas de changer l'orientation française qui a pris la Révolution pour étoile polaire.

La République, qui revendique de telles origines, se soucie vraiment bien peu des crissements de plume et des grincements de dents d'un pamphlétaire clérical.

Loin de l'inquiéter, de tels adversaires servent à éclairer sa marche en lui montrant toujours de quel côté il ne faut pas aller. Avec leur doctrine de ténèbres, ils sont le repoussoir des claires et généreuses philosophies.

Aussi bien, si nous luttons en ce moment, est-ce beaucoup moins contre le très peu redoutable Drumont que pour Alger.

C'est notre département que nous voudrions voir en bon accord avec les autres parties de la France. Nous déplorons justement cette espèce de dépiècement ou de séparatisme politique, qui fut notre lot du jour qu'un député réactionnaire, comme l'auteur de la *France Juive*, fut notre représentant au Parlement ; car si M. Drumont, ne l'oublions pas, se contente aujourd'hui de dire : « La République est juive ! » il débuta par qualifier la France de la même sorte, en faisant ainsi à la race israélite une réclame formidable.

Eh bien ! de même qu'en France la question juive n'est rien à côté de la question sociale, si mal servie par les réactionnaires, de même en Algérie la question algérienne l'emporte de beaucoup sur les misérables sophismes auxquels M. Drumont voudrait nous attarder.

A la rigueur, nous comprenons cette attitude de sa part, puisqu'il a su jusqu'ici s'en faire des rentes ; mais tel n'est pas le cas de notre malheureuse colonie.

Pendant que M. Drumont vivait aux dépens de l'Algérie, celle-ci souffrait par sa faute.

Un divorce de raison s'impose donc. Et voilà sans doute le *dépiècement* possible contre lequel le député d'Alger s'élève avec tant d'énergie.

Quant à cette autre gasconnade tendant à faire croire aux naïfs que la France a les yeux fixés sur Alger, et qu'elle compte sur Alger pour conserver M. Drumont à la Réaction, on peut aussi interpréter la phrase dans son meilleur sens, et dire que la France compte sur Alger pour renvoyer M. Drumont à ses moutons.

LE NATIONALISME ET L'ALGÉRIE

Qu'est-ce que le nationalisme ?

— Le masque de la réaction.

— Mais encore ?... Sur ce masque a-t-on mis quelque fard séduisant, quelque maquillage nouveau ?

— Non, c'est la figure connue du passé, avec ses verrues et ses rides, avec son conservatisme et son gâtisme.

— Du moins, cette politique repose-t-elle sur un sentiment puissant ?

— Évidemment. Mais ce sentiment n'est ni juste, ni raisonné : il est instinctif; et, disons-le hautement, cet instinct n'est point favorable à la prospérité des peuples modernes, encore moins à l'expansion coloniale.

Les Boxers chinois peuvent s'en accommoder; mais la France d'aujourd'hui a besoin d'un air plus salubre et moins renfermé.

A la base de cette vieille théorie, nous trouvons le culte des traditions et l'esprit de clocher, dont on veut faire, par un étrange abus, l'esprit national.

Au point de vue ethnique, le nationalisme, c'est le « racinement ».

Un des meilleurs écrivains de ce parti composite qui va de M. Méline à M. Drumont, en passant par le duc d'Orléans, un romancier de talent, M. Maurice Barrès, n'a-t-il pas écrit les *Déracinés*, exprès pour expliquer que toute transplantation individuelle était une expérience sociale dangereuse ?

La morale contestable et même détestable de cette doctrine, c'est que l'individu, « isolé de son groupe de naissance », est fatalement condamné au désordre, à l'impuissance, aux misères, aux expédients et aux crimes, et que, suivant une pente fatale, le déraciné doit finir en dévoyé.

Qu'on le veuille ou non, cette manière de voir est la condamnation de toutes les Colonies.

Il importe que les Algériens de toutes catégories, et spécialement nos colons, le sachent ; une telle politique ne tend à rien moins qu'à les exclure de la famille française, dans un temps donné. Elle conduit à ce que nous pourrions appeler un *séparatisme métropolitain*, par opposition à *séparatisme colonial*.

Du jour que le laboureur abandonne son village, les nationaliste conséquent avec ses principes lui jette la pierre.

A plus forte raison, ne condamne-t-il pas seulement celui qui s'arrache de sa province pour aller chercher fortune dans la capitale, mais encore tous ceux qu'une inquiétude généreuse pousse à essa mer loin du toit des ancêtres, à passer les mers avec leur bagage d'émigrants, et à se fixer sous d'autres latitudes.

Nos psychologues nationalistes ont alors beau jeu à démontrer que le *déraciné colonial* ne trouvera plus, loin du sol paternel, les conditions nécessaires à son parfait équilibre et à son bonheur. Quelles déviations, quelles altérations organiques, ces égotistes ne peuvent-ils pas prévoir dans la poussée de la race, dès qu'elle tend à s'affranchir des conditions climatériques et géographiques qui avaient assuré son passé ?

Les visées étroites de ces nationalistes, véritables myopes politiques, ne leur permettent pas de comprendre le Français hors de France ; et c'est pour cela qu'ils réserveront toujours toutes leurs faveurs aux Métropolitains, et plus strictement encore aux provinciaux de la Métropole. Ils ne se contenteront pas de protéger le paysan contre les produits étrangers ; ils iront dans leur théorie absurde jusqu'à frapper nos produits, comme les oranges, de certains droits onéreux ; ils nous refuseront des privilèges et des faveurs, qui sont de droit pour le Français de France.

Cet esprit de prohibition deviendra plus évident à mesure que l'Algérie affirmera sa puissance de production. On nous aimait comme clients ; on nous chicanera comme fournisseurs.

Telles sont les conséquences, inévitables pour nous, du protectionnisme. Remarquons, à ce propos, que le protectionnisme et l'antisémitisme ne sont que les facettes du nationalisme, ce prisme illusoire.

M. Méline est donc en baisse chez nous ; car nos colons ne manquent pas de bon sens et flairent le danger de loin.

Quant à M. Drumont — « France aux Français ! » — le sort ironique lui réservait de se faire élire avec un fort appoint de naturalisés. Après cela, nous devons reconnaître qu'il a pratiqué la théorie nationaliste dans toute sa dureté. Ne parlons pas de son action à la Chambre, qui fut nulle ou contraire ; mais, dans son journal, c'est toujours aux idées, aux préjugés, aux superstitions métropolitaines qu'il a sacrifié les intérêts algériens.

Il s'est adressé toujours aux intérêts rétrogrades, aux sentiments d'immobilité. Jamais il n'a voulu tourner son visage vers notre soleil d'avenir ; jamais il n'a montré pour la fraternité des races, seul espoir de notre Algérie, cette sympathie, cette franchise persuasive, qui pouvaient nous mettre à notre rang dans les discussions sociales.

Concluons :

Mauvaise pour la France, la théorie nationaliste serait désastreuse pour l'Algérie ; car elle légitimerait ici un nationalisme tout différent, un particularisme algérien, et même algérois, très regrettable.

Il nous faut donc laisser tous les radotages, qu'on a pu écrire sur la race et le racinement, aux hommes du passé. Ces hommes et nous, nous ne pouvons pas marcher ensemble.

Nous n'avons presque rien à conserver ; nous avons tout à acquérir ; et, pour nous soutenir dans notre longue route, pour renouveler notre substance et nos énergies, sur qui pouvons-nous compter, sinon sur les *déracinés*, qui trouveront ici un sol favorable et sauront montrer que le sang migrateur et colonisateur de la race aryenne n'est pas épuisé ?

Autres Réflexions sur le Nationalisme

On a déjà beaucoup écrit sur le nationalisme, et il semblait difficile d'ajouter une critique neuve à celles qui ont été faites de cette formule hypocrite de réaction, qui n'est en somme qu'un boulangisme impersonnel.

Nous avons cependant sous les yeux une récente étude de M. Théodore Duret (1) sur les origines du nationalisme, qui se recommande par des aperçus originaux et pleins de force.

Sans s'arrêter au peu de crédit politique que les idées de M. Jules Lemaître ont trouvé en France, l'historien veut bien accepter que les adeptes de la *Ligue de la Patrie Française* sont des gens de bonne foi : il les observe comme des phénomènes naturels, et cherche à se rendre compte de la force d'impulsion qui a porté les uns vers les autres des hommes qui avaient les meilleures raisons de s'ignorer.

Le point qui, au plus profond, les a conduits à se grouper, c'est, dit-il, « cette admiration pour les choses de guerre qui, à travers les âges, a réellement possédé la France ».

Pendant que la marche du temps, les révolutions politiques, les changements survenus au dedans et au dehors, modifiaient peu à peu la mentalité publique, la modernisaient, la mettaient en rapport avec les conditions nouvelles de l'existence sociale, certains groupes d'individus, par calcul, par raisonnement ou

(1) La *Revue Blanche,* 1er avril 1902.

par caractère, s'attardaient à des façons de sentir qui, en se généralisant, ont toujours été dangereuses pour notre race.

M. Maurras s'était contenté d'affirmer qu'il fallait chercher le nationalisme intégral dans la Monarchie ; M. Duret y voit plutôt un travers de tempérament, étranger à tout régime politique, et qui nous possède depuis le temps où Strabon disait de la race gallique, d'après le philosophe Posidonius, qu'elle est *irritable et folle de guerre* Or, les Gaulois avec leur valeur téméraire, ont fini par succomber devant la tactique et la méthode de Rome.

Au XIᵉ siècle, quand les Français recommencèrent les expéditions gauloises sous le nom de Croisades, ils cédaient encore à une force secrète ; mais, après avoir sacrifié leur sang et leur or dans ces folies pendant cent soixante-dix ans, ils perdirent tout pied en Asie et retournèrent chez eux les mains vides.

Les guerres d'Italie se terminèrent comme les Croisades, par un avortement complet. « La terre riante d'Italie n'avait été pour la chevalerie française qu'un tombeau. »

Plus près de nous, c'est le délire militaire du Premier Empire ; un million d'hommes sacrifiés sur les champs de bataille étrangers, en Espagne, en Russie, en Allemagne, pendant les trois dernières expéditions de Napoléon. Alors la France épuisée succombe ; elle perd tout le fruit de son action.

Mais loin de s'amender, elle s'admire dans ses défauts ; l'épopée napoléonienne pénètre le peuple, qui vit dans l'espoir des revanches.

Un mouvement nationaliste et plébiscitaire donne sept millions de voix à un second Napoléon « qui reprend le rôle téméraire du premier, et pour son débuts, s'en va, lui aussi, attaquer la Russie ».

Après la Russie, l'Autriche ; après l'Autriche, le Mexique, la Chine, l'Allemagne.

On ne sait que trop, hélas ! comment l'armée française du Second Empire, avec sa tradition de bravoure légendaire, succomba devant l'action des masses organisées. Et parce que nous avions admis que l'armée était la représentation même de la nation et de la vie du peuple, il s'ensuivit une déchéance cruelle dont l'effort républicain pouvait seul nous relever en donnant à nos activités une autre tournure.

Aujourd'hui le levain nationaliste fermente à nouveau. Reconnaissons-le pareil à ce qu'il fut toujours. Le nationaliste combat la République parlementaire, parce qu'il appelle de tous ses vœux un chef militaire. Son idéal de gouvernement est le césarisme.

« Les pères des nationalistes actuels, dit notre auteur, ont trouvé viles la monarchie de juillet et la république de 1848, qui gardaient à la France l'Alsace et la Lorraine, lui maintenant son influence en Égypte, lui conquéraient l'Algérie, mais qui, parce qu'elles n'ont pas entrepris de grande guerre en Europe, ont été accusées de lâcheté, d'abaissement devant l'étranger et de vouloir maintenir la paix à tout prix. On sait aussi ce que les nationalistes pensent de la république parlementaire qui, depuis 1870, est le gouvernement de la France. Ils ne voient en elle qu'un élément de corruption et de ruine. Ces assemblées composées d'hommes pris à la vie civile où l'élément militaire est absent se présentent, à leurs yeux, comme des réunions de gens prêts à se vendre et à s'abandonner aux plus basses tentations. »

Voilà, n'est-il pas vrai, une esquisse un peu large, mais qui renferme aussi beaucoup d'observation.

L'historien, sans traiter les nationalistes de réactionnaires, sans s'arrêter à leurs alliances, sans indiquer les sources où s'alimentent leurs caisses de propagande, nous démontre, sans passion que les nationalistes sont surtout des *attardés*, laissés en arrière par un courant d'idées où la guerre sanglante n'apparaît plus comme la chose belle et noble en soi.

La nation qui serait assez folle pour s'empoisonner aujourd'hui de nationalisme ne représenterait en Europe que des idées caduques, elle se condamnerait à l'impuissance, à la défaite et à une irrémédiable décrépitude. C'est d'avoir sacrifié aux idoles natio-

nalistes, aux idées de conquête et d'oppression
militaire, que l'Angleterre souffre tant aujourd'hui
dans ses finances et dans son amour-propre.

Il y a dans tout cela beaucoup de vrai. Cette
manière de traiter la question politique porte à
réfléchir utilement.

Mais si ces vérités sont bonnes pour la France ne
sont-elles pas doublement vraies et utiles en Algérie ?

De quelle valeur est pour nous le nationalisme ?
Toute grande guerre européenne où la France se
trouverait engagée serait non seulement un malheur
pour le Pays, mais encore un danger mortel pour ses
colonies. Il y aurait à ce point de vue une étude bien
intéressante à faire et qui démontrerait sans peine
que les progrès coloniaux sont une œuvre de paix
qui n'a jamais prospéré dans le temps des conflits
métropolitains.

Plus encore que l'esprit monarchiste ou césarien,
l'esprit nationaliste devrait donc nous être étranger,
si certains politiciens consultaient les intérêts de
l'Algérie avant leur ambition.

Ces choses étaient sues ici du temps du boulangisme, et sans doute ne sont-elles pas complètement
oubliées.

Les Naturalisés et le Nationalisme

C'est surtout parmi les naturalisés que M. Drumont
semble avoir perdu du terrain.

Certain soir à l'issue d'une réunion de naturalisés
à l'Hôtel de Ville d'Alger, ce cri fut poussé : « A bas
Drumont ! »

Signe des temps.

En fait, se trouve ainsi traduit, d'une façon peut-
être fortuite, le sentiment raisonné qui doit, un jour
prochain, porter l'élément latin, de francisation récente, à prendre parti contre les doctrines nationalistes.

Qu'on ne s'y trompe pas, ce n'est point parce que M. Drumont est Français qu'on se séparera de lui, mais parce qu'il représente l'état d'esprit de la France d'avant la Révolution.

Les naturalisés ne peuvent s'appuyer que sur l'esprit républicain, entendu dans le sens le plus large de la fraternité des peuples, comme le voulaient nos aînés de 1792 et de 1848.

> Les peuples sont pour nous des frères,
> Et les tyrans des ennemis.

Les naturalisés doivent savoir encore que, tant qu'ils se conformeront à l'esprit de nos institutions, le Gouvernement républicain n'entreprendra rien contre eux.

Mais il est bien certain que si un foyer de cléricalisme et d'antirépublicanisme devait se former, menaçant, en terre africaine, la Métropole ne pourrait point se désintéresser d'un état de choses qui tendrait à faire de l'Algérie un État dans l'État.

Il ne peut pas exister deux républiques : la République algérienne et la République française.

La République est une indivisible, comme on disait jadis.

Ce sont les mêmes sentiments, les mêmes idées, qui doivent, ici et là-bas, prévaloir : tout au moins est-il nécessaire, en bonne politique, de rechercher ce résultat.

Tous les efforts de la Métropole doivent donc tendre à réaliser, ici, l'unité latine et républicaine où convergent déjà, en Italie et en Espagne, des mouvements d'opinion fort importants.

Le nationalisme rétrograde des amis de M. Drumont ne peut pas répondre utilement au sentiment et à l'intérêt de notre population algérienne.

La fusion des races qui est en train de s'accomplir, pour le plus grand bien de la Colonie, sur nos bords méditerranéens, n'est-elle pas une réfutation vivante du nationalisme ?

Il y a là plus qu'une doctrine : un fait.

Un *sang nouveau* condamne ici ces vieux préjugés historiques, ces haines de races, qui ont ensanglanté

tant de fois les frontières européennes et consumé
le plus pur des énergies nationales.

La Révolution a voulu l'affranchissement des peuples par l'idée, par l'idée humaine ; de quelle idée
barbare viennent donc nous parler les complaisants
du trône et de l'autel, comme M. Drumont ?

C'est à la faveur d'un compromis, d'une confusion
de sentiments et de principes qu'ils ont pu trop longtemps attacher la foule algérienne à leur cause perdue.

Les problèmes sociaux qui se posaient ici n'avaient
rien à faire avec « les représentants attardés des
régimes déchus », comme les appelait Gambetta.

Quand les électeurs algériens auront compris cela,
ils ne se borneront pas à crier : « A bas Drumont ! »
ils donneront à leur pensée toute sa force en se ralliant tous, ouvertement, à la forme opérante aujourd'hui du Gouvernement français.

En défendant nos institutions modernes contre le
Passé, ils se défendront eux-mêmes.

La République actuelle, traînée dans la boue par
M. Drumont et ses amis de la Droite, a du moins
cette qualité pour elle qu'elle existe avec le consentement et l'appui de l'énorme majorité du pays, tandis
que la République de M. Drumont n'est que le rêve
d'un homme sans franchise, honteux d'avouer ses
sympathies et ses alliances : elle ne se réalisera
jamais, parce qu'elle est un mensonge.

Sang nouveau

Il suffit d'avoir passé quelques mois en Algérie
pour se rendre compte que ce beau pays ne diffère
pas seulement de la France par sa lumière spéciale,
mais encore par son optique intellectuelle, sa manière
politique et sa sensibilité propre.

Qu'on le veuille ou non, l'adaptation des colons
aux conditions d'une vie nouvelle, la promiscuité des

races immigrantes, l'existence d'une population indigène forte et durable, les nécessités du climat, l'oubli des coutumes, la rupture avec la tradition et les voisinages anciens, l'absence d'une parenté étendue qui racine l'individu et lui donne un équilibre et une assiette morale, tout concourt ici, dans un milieu neuf et indépendant, largement ouvert aux initiatives et aux activités, à la déformation des qualités originelles et à la constitution rapide d'une race.

Que sera cette race, dans quelques générations, quand les sèves étrangères y seront unifiées ? Quels fruits inattendus du génie latin produira-t-elle ? — C'est ce que nous ne saurions bien voir encore. Mais on sent déjà dans le caractère algérien un accent plus jeune et plus affranchi, quelque chose de décidé, de pratique, comparable peut-être aux qualités de l'Américain.

Ce n'est plus, à proprement dire, l'esprit français, ni la rudesse espagnole, ni la grâce italienne, mais une combinaison de ces qualités mères un peu troublées par le croisement.

Nous croyons fortement à l'avenir de cette jeune race, et nous pensons que tout en elle est intéressant, même ses balbutiements.

Mais à l'heure actuelle, dans la crise de croissance, il nous paraît encore nécessaire de marquer le développement de l'Algérie au sceau de l'influence française.

Ce n'est plus la conquête armée qui nous occupe, c'est la conquête des esprits et des cœurs.

Nous pensons que les qualités de notre vieille terre de France doivent être acclimatées ici, sous un autre soleil, avec soin, avec patience, et qu'elles y prospéreront ; nous estimons qu'elles sont un correctif salutaire à la première fougue du sang nouveau qui court dans les veines des jeunes hommes originaires d'Algérie.

Nous savons que l'Algérie ne peut pas, ne doit pas être la doublure, la contrefaçon de la Métropole. Mais si l'Espagnol s'y acclimate plus facilement que nos paysans, si l'Italien y prospère au bord de la mer natale, nous pensons que le Français devrait y fournir le vrai lien social par sa langue et l'esprit libéral de ses institutions.

Qu'on n'entende point par là que nous voulons traiter nos frères latins en ennemis ou les tenir en vasselage. C'est ici que le généreux esprit internationaliste doit trouver sa naturelle application : les bras ne sont pas trop nombreux, les énergies ne risquent pas de se choquer dans le vaste champ de la colonisation ; — c'est ici que le mot de Louis XIV est surtout vrai : « Il n'y a plus de Pyrénées ».

Pourquoi faut-il donc, lorsque tant de raisons nous rapprochent, que la politique vienne trop souvent nous diviser ? Pourquoi veut-on répéter ici toutes les guerres de partis dont notre pauvre Métropole souffre tant ? Le jeune peuple algérien ne comprendra-t-il pas que tous les meneurs politiques ont intérêt à aiguiser ses rancunes, ses antipathies ?

C'est en nous divisant qu'ils règnent.

Leur œuvre est néfaste, mortelle ; elle détourne les belles énergies de leur direction naturelle, qui est la création de la richesse et de la vie sur ce sol. C'est en nous appliquant tous à la prospérité algérienne, à la grande œuvre de colonisation, à la mise en valeur de la terre et des hommes que nous oublierons nos intrigues de clans ; c'est en fondant nos espérances dans un effort commun que nous fraterniserons hautement.

Français et Néo-Français, tous Algériens, ont leur place marquée les uns à côté des autres dans nos Conseils coloniaux, comme dans nos entreprises industrielles et agricoles.

Ils sont les ouvriers de la même moisson.

Que ceux d'entre les hommes de ce pays qui veulent aller avec les artisans de haine, avec ceux dont le seul but est d'exciter les citoyens les uns contre les autres, sachent donc que nous ne serons jamais avec eux ; mais qu'ils ne croient pas que leurs origines et leurs qualités natives soient ce qui nous éloigne d'eux.

Ce qui nous divise, c'est, en réalité, la direction différente des chemins que nous suivons.

Nous voulons la paix et le travail au bénéfice de tous ; ils veulent la guerre et le désordre au bénéfice de quelques-uns.

Vers le Passé

On lit dans la *Libre Parole* :

« L'antisémitisme a été le germe du nationalisme ;
« et il en reste, qu'on le veuille ou non, l'armature et
« le support. »

Pourquoi pas ?

D'autre part, nous avons appris, à l'école de M. Charles Maurras, où tend le nationalisme, dont le royalisme est, dit-il, l'expression intégrale.

Ainsi sommes-nous fixés, et pouvons-nous limiter d'un coup d'œil, l'évolution complète du nationalisme qui, né de l'antisémitisme, aboutit à la royauté, considérée comme l'expression naturelle de la hiérarchie nationale.

Incompatible avec l'idéal républicain, l'antisémitisme cherche sa justification dans une autre conception du Gouvernement; souvenir attardé du moyen âge, il trouve sa place dans la théorie monarchique.

Du moment, en effet, que le roi est le maître, il peut, à son gré, favoriser ou proscrire telle ou telle catégorie de citoyens; aujourd'hui les juifs, demain les protestants, après-demain les libres-penseurs.

Mais en sommes-nous encore là ?

Ne voit-on pas, au contraire, que toute cette vieille défroque du passé, étiquetée nationalisme ou antisémitisme, est en complète contradiction avec la conception moderne de l'État et de l'Individu.

Pratiquement, tout ce qui se passe autour de nous démontre même que l'affranchissement politique du citoyen, réalisé par la Révolution française, est une étape depuis longtemps franchie et qui nous a conduits à l'entrée du domaine économique.

Les Droits de l'Homme sont inscrits d'une manière

indélébile dans la charte républicaine; mais il nous reste à déterminer comment ces droits pourront être assurés, garantis.

Après le droit d'être libre, c'est le droit de vivre qui passionne aujourd'hui les masses.

Quelles préoccupations lisez-vous dans tous les mouvements ouvriers, dans tous les congrès, dans toutes les entreprises de colonisation ou d'exploitation?

La préoccupation du bien-être social. Rien de plus.

Ce champ nouveau est assez vaste pour suffire aux efforts de maintes générations; et rien n'entravera l'élan du monde civilisé, qui s'est lancé dans cette voie.

L'antisémitisme religieux ou de race, tel que l'exposent, au jour le jour, les amis de M. Drumont, ne saurait donc prétendre à être autre chose que du réchauffé historique.

Quand à l'antisémitisme algérien, qui ne prétend pas aboutir à la monarchie en passant par le nationalisme, celui-là n'a de commun que le nom avec la conception de M. Drumont.

Et cela est si vrai que presque tous les votes du député d'Alger sont en pleine contradiction avec le sentiment algérien. Il arrive même le plus souvent que la voix du directeur de la *Libre Parole* reste isolée dans la représentation de la colonie.

C'est que les questions coloniales bien comprises sont au premier rang des problèmes modernes ; c'est qu'il est besoin, pour les résoudre, d'apporter dans la discussion un esprit alerte, dégagé des préjugés, prêt à se rallier aux solutions les plus neuves et les plus rapides.

Avons-nous ici, en Algérie, les mêmes empêchements qu'en France? Sommes-nous affligés d'une noblesse ankylosée et prétentieuse, d'une propriété héréditaire jalouse de tous ses droits, d'un clergé mêlé aux moindres actions de la vie? Avons-nous, derrière nous, cette immense classe de terriens attachés à la glèbe, et bornant son horizon politique et social aux limites de son champ? Avons-nous, au même degré, le prolétariat industriel, parqué

dans les vastes usines et désireux d'une réglemen-
tation des conditions du travail?

Toutes ces raisons nous créent une situation propre qui n'a rien de comparable avec celle de la Métropole.

Le nationalisme, dont les royalistes parlent tant en
France, ne représente rien de vital pour nous. L'exa-
men de la question juive indigène ne peut, en
aucune façon, nous amener à l'idée d'une restauration monarchique ou nationale, comme l'entendent
M. Drumont et ses amis.

Nous devons donc nous garder de toute confusion
avec les réactionnaires des vieux partis français ; car
ce serait vraiment pour le jeune peuple de cette
Colonie, fait d'éléments internationaux, une étrange
et sotte attitude que de marcher vers le passé en
croyant s'avancer dans les voies du progrès.

Ces choses là, les électeurs de M. Drumont ont eu
tout le temps de les méditer, depuis les jours déjà
lointains où ils l'ont envoyé à la Chambre.

Ils ont pu se rendre compte qu'un tel « catholique
historique » ne saurait jamais être le représentant de
leurs intérêts.

Plus que jamais, à cette heure, ils doivent exami-
ner ses votes et chercher le sens de ses paroles, s'ils
ne veulent pas s'enliser, de plus en plus, dans l'ornière nationaliste et royaliste.

Ouvrez les yeux, disons-nous maintenant, regardez le chemin parcouru... Ne voyez-vous pas que
votre mécanicien mène le train à reculons?

Contre-Révolution

« Bien avant que les Jaunes ne nous inondent de
« leurs produits, nous nous serons dévorés entre les
« Blancs. Nos divisions, nos discordes, les querelles
« sans fin et sans but, dans lesquelles nous épuisons

« le peu d'énergie, qui nous reste : voilà le vrai péril,
« le péril d'aujourd'hui, que tout le monde peut voir
« et toucher de la main. »
(La *Libre Parole*, juillet 1901).

Cette pensée échappe à M. Drumont.

Mais quels sont donc chez nous les artisans de ces
« divisions », de ces « discordes », de ces « querelles
sans fin et sans but ? »

Le député d'Alger a, sans doute, fait un retour sur
lui-même : et, en une fugitive seconde de lucidité
morale, l'œuvre qu'il poursuit s'est dressée à ses
yeux. Il a regretté son temps gaspillé, son énergie
stérile ; il a contemplé les conséquences de la bataille
antisociale, antihumaine où, depuis tant d'années, il
s'acharne... non sans profit personnel.

Si ce n'est point cela, et si M. Drumont ne sait pas
se classer à son rang, on demeure stupéfait de tant
d'inconscience.

Comment ne voit-il pas qu'en attaquant journelle-
ment la République et les républicains, en dénigrant
toute tentative généreuse d'affranchissement démocratique, en prêtant la main aux basses manœuvres
du cléricalisme et de la réaction, il se met en travers
de la voie progressive où le peuple français est poussé
par le lent effort des générations ?

Il faut à cet homme la plus haute somme d'orgueil
pour croire que la France républicaine se trompe et
qu'elle fait fausse route en réclamant toujours plus de
lumière, de justice et de bien-être.

Ah ! sans doute, on peut facilement constater que
notre organisation sociale est loin encore de la perfec-
tion. La critique des mœurs et des institutions pré-
sentes fournit à tout esprit généreux et clairvoyant
des thèmes inépuisables.

Si M. Drumont se contentait de railler la marche
trop lente du char républicain, s'il se bornait à faire
observer que le peuple souverain n'a pas toute sa
part dans la répartition des richesses accumulées par
son labeur durable, nous excuserions ses excès de
langage, ses généralisations outrancières, pour ne
lui tenir compte que de ses intentions.

Mais le député d'Alger poursuit un autre but : le sens de son action n'est pas douteux : il l'est de moins en moins chaque jour.

Dans les premières années de la *Libre Parole*, on pouvait encore s'y tromper. M. Drumont aimait le voisinage de quelques démophiles : Séverine, Clovis Hugues, d'autres encore, émettaient dans son journal des idées généreuses, nullement teintées de sectarisme.

Et l'on disait volontiers de lui : « Il sera débordé « par le mouvement qu'il entreprend ; il ne canalisera « pas les revendications sociales qu'il aura suscitées ; « son action personnelle se perdra dans le grand « courant socialiste. » Quand il attaquait un ministre à double face, un pseudo-républicain satisfait et suffisant, il n'avait point encore contracté cette odeur de vieux froc et de bouc de sacristie, qui maintenant se dégage de toute sa personne morale.

Après des années d'expérience, nous avons vu que M. Drumont, en poursuivant les républicains de ses sarcasmes, n'avait d'autre objet que de discréditer la République et d'en détourner le peuple.

Il ne nous a pas laissé ignorer que l'œuvre de la Révolution lui paraissait mauvaise et condamnable, non seulement dans ses manifestations, mais encore dans son principe.

Toutes les tendresses de M. Drumont se sont affichées pour les institutions du passé, les croyances du passé. Son œuvre folle apparaît, aujourd'hui, sous sa vraie couleur réactionnaire : ce qu'il veut, ce qu'il cherche, c'est la *contre-révolution*.

Ainsi, les chouans et les muscadins affectaient des allures frondeuses, se mêlaient aux mouvements populaires de Germinal et de Prairial, allongeaient la queue aux portes des boulangers, et, par tous les moyens, se rapprochaient de la foule ignorante, affamée.... pour altérer le sens de ses cris légitimes.

Ne pouvons-nous pas dire qu'en Algérie, Édouard Drumont a faussé aussi le mouvement populaire, et l'a entraîné dans une direction réactionnaire — nous mettant ainsi, vis-à-vis de la Métropole, dans la plus fâcheuse position ?

Agent du Roi

Monsieur Drumont faisait un jour, dans son journal, l'apologie du coup d'État bonapartiste du Dix-huit Brumaire : le comte de Lur-Saluces, un des lieutenants-généraux du parti royaliste, s'émut de cet article, et s'empressa de replacer sous les yeux du député d'Alger ce qu'il écrivait naguère au sujet de Napoléon Ier dans la *France Juive*. Le passage est curieux : M. Drumont s'efforce d'y démontrer que Napoléon Ier ne fut que l'instrument des Juifs.

« Ils voulaient, écrit-il, faire succéder à la Révolution le règne momentané d'un sauveur quelconque, qui ratifiât par la possession, sous un gouvernement régulier, la propriété de ce qu'on avait dérobé (à la Noblesse et au Clergé). *Le roi légitime les eût gênés alors :* ils empêchaient par tous les moyens son retour : *l'homme était tout prêt.* »

Et M. Drumont continue :

« Napoléon était-il d'origine sémitique ?... Disraëli l'a dit ; l'auteur du *Judaïsme en France* le soutient. Il est certain que les îles Baléares et la Corse servirent de refuge à beaucoup de Juifs chassés d'Espagne et d'Italie qui finirent par se convertir au christianisme et, comme cela avait lieu en Espagne, prirent le nom des grands seigneurs qui leur avaient servi de parrains, Orsini, Doria, Colonna, Bonaparte...

« Franc-maçon certainement, et très avant dans les secrets de la franc-maçonnerie, jacobin farouche, ami de Robespierre jeune, Napoléon avait tout ce qu'il fallait pour jouer le rôle qu'on attendait de lui.

« La finance l'adopta : les Michel, les Cerfbœr, les Bédarrides le commanditèrent lors de sa première expédition en Italie, au moment où les caisses de l'État étaient vides. *Il n'avait qu'à paraître pour que tout lui réussît :* il prenait un jour Malte l'imprenable... pour revenir en France faire le 18 Brumaire, il traversait tranquillement la Méditerranée, sillonnée par les croisières anglaises.

« La franc-maçonnerie avait organisé autour de lui cette espèce de conspiration d'enthousiasme qui flotte dans l'air, se communique de proche en proche et finit par gagner tout le pays.

« Nous avons eu une répétition de cette espèce de carte forcée avec Gambetta, *ce gros homme gonflé de mots qui avait été inepte et malhonnête pendant la guerre*, et que la France crut un moment être l'homme nécessaire.

« Napoléon s'acquitta des obligations qu'il avait envers les Juifs. »

Et M. de Lur-Saluces ajoute avec malice, dans la *Gazette de France*, en faisant allusion à l'article de M. Drumont sur le Dix-huit Brumaire :

« L'occasion semble bonne de reproduire ce passage magistral de la *France Juive*, au moment où nous voyons éclore toute une floraison de dithyrambes en l'honneur du Consulat. »

Comme on le voit, les royalistes n'entendent pas que M. Drumont déchire le pacte d'alliance qu'il a signé avec eux, et qu'il aille coqueter avec les plébiscitaires napoléoniens. Dès qu'il veut s'écarter des orléanistes pour conter fleurette aux bonapartistes, ses amis de Bruxelles savent bien tirer sur la chaîne qui le rattache à eux par des liens solides.

L'occasion leur semble bonne, comme ils disent, de concentrer, à la veille des élections, toutes les forces réactionnaires sous le patronage du duc d'Orléans. Il leur fallait un plan de campagne un peu rafraîchi. M. Drumont s'est chargé de le leur fournir. Depuis longtemps déjà il en avait, du reste, fait la proposition et vanté sa marchandise au point de vue politique ; depuis longtemps il avait eu l'art de faire croire aux orléanistes que les Israélites étaient le plus grand obstacle à la restauration de leur monarchie. On connaît son propos sur la rivalité fatale des uns et des autres : « Dès qu'un prince d'Orléans veut entreprendre quelque chose de grand, il voit se dresser un juif devant lui ». Les partisans de Philippe décidèrent donc que l'agitation se ferait, cette année, sur la formule antisémite, bon trompe-l'œil pour « la foule des simples et des humbles », comme dit M. Vandal.

Derrière cette étiquette de guerre civile, qui n'a en soi aucune signification politique bien précise, ils estiment qu'il leur sera facile de dissimuler leurs ambitions, et de masquer leurs manœuvres.

Quel sera donc le rôle de l'Algérie dans ce concert ? Ces Messieurs n'en parlent pas. Ils laissent à ce sujet carte blanche à notre député. Libre à lui d'arborer à Alger la cocarde tricolore, s'il veut bien se prêter en France aux parades du drapeau blanc.

M. de Lur-Saluces et ses amis estiment sans doute que la fleur de lys n'est pas un article d'exportation

Ce qui leur importe, c'est de pouvoir compter dans la Métropole sur la démagogie antisémite, car c'est dans les rangs de cette brillante jeunesse cléricale qu'ils recruteront leurs plus solides gourdins.

Donnant donnant : si M. Drumont les favorise là-bas, ils l'aideront ici de leur argent.

Nous verrons bien si l'Algérie consent à se prêter une fois de plus à cette comédie.

Quoi qu'il arrive, nous aurons du moins le mérite d'avoir agi en franchise et en honnêteté, en démasquant les agents du Roi...

M. Drumont a trop écrit pour qu'il lui soit possible de renier sa signature. Il n'appartient pas qu'à la Droite, il appartient aussi à notre critique.

Un Transfuge

A preuve de son républicanisme, il dit dans sa déclaration aux électeurs (avril 1902) :

« Les députés antijuifs et moi nous avons renversé le Ministère Méline, qui nous avait envoyé Lépine, pour constituer le Ministère Brisson, qui était d'une nuance républicaine plus accentuée que le Ministère Méline. »

Prenons texte de cette assertion pour mettre une fois de plus le nez de M. Drumont dans ses mensonges.

M. Drumont a en effet voté contre le Ministère Méline, parce que le rose Méline était encore trop républicain pour le blanc Drumont ; il a voté contre ce Cabinet comme il a voté, parlé ou écrit contre tous les gouvernements républicains, depuis trente ans, sans en excepter celui de Mac-Mahon, auquel il reprochait de ne pas avoir complété le 16 Mai par une restauration monarchique.

Le vote contre Méline, loin d'être un titre de républicanisme dans le passé politique de M. Drumont, montre au contraire que pas un seul homme d'Etat républicain n'a trouvé grâce devant le défenseur du Trône. Il a poursuivi de la même vindicte tous ceux qui, à un titre quelconque, ont personnifié le régime démocratique auquel notre malheureuse France, abaissée et ruinée, a dû son relèvement devant l'Europe.

La République des Gambetta, des Ferry, des Carnot, des Félix Faure, il l'a traînée dans toutes les boues de son encrier, il l'a qualifiée d'excrémentielle et de pourriture ; tourmenté par la hantise du sang, de l'or et de la corruption, comme les chats par l'odeur de la valériane, flairant les senteurs animales sur toutes les hermines, cet écrivain sadique était dans son rôle et dans son instinct : anormal, monstrueux, mais non tout à fait méprisable. Il avait un sens particulier du scandale, le reniflait dans les coins, l'étalait avec un voluptueux plaisir, et cela lui constituait une personnalité littéraire bien spéciale. On pouvait croire, en outre, avec un peu d'indulgence, qu'il était entraîné à ces excès par une foi politique profonde : il dénonçait comme Tallien, il calomniait comme Fréron, mais enfin il attaquait un Pouvoir.

On se disait en lisant ses livres ou ses articles : la haine de cet homme contre la République et contre l'ordre actuel vient de son dévouement à la Monarchie qu'il sert par tous les moyens dans un temps difficile.

Pas un républicain français n'aurait songé à se réclamer de M. Drumont, mais les royalistes de la Métropole ne se faisaient point faute de le citer pour un des leurs, car il avait donné plus que des gages.

Il lui fallut venir en Algérie pour y recevoir le baptême républicain des mains de M. Marchal. De retour à Paris sa clientèle lui pardonna cette fantaisie en considération de sa conduite qui restait toujours dévouée aux intérêts du Roi.

Quand nous avons en arraché le masque dont se couvrait l'imposteur, nous aimions à penser qu'il n'aurait pas rougi de sa foi, qu'il n'aurait pas renié ses actes et ses paroles...

Nous connaissions mal M. Drumont : déshabillé devant l'opinion, révélé, expliqué par lui-même, il n'eut pas un mouvement de fierté pour dire : « Soit! je mentais, mais c'était par utilité... la République n'était pas seulement une cible pour moi, j'avais un but... je mentais comme Charlotte Corday assassinait : à mes yeux, la fin justifiait les moyens. »

Au lieu de cette révolte et de cette justification, historique sinon politique, M. Drumont fit la vieille bête; il joua l'étonnement, l'ahurissement ; il balbutie encore aujourd'hui des sottises de ce genre : « Comment! moi pas républicain? moi qui ai renversé Méline en faveur de Brisson? »

Electeur de Brisson ! Voilà ce que notre député nous raconte en plein visage dans le désir qu'il a de passer encore pour républicain. Si les électeurs pouvaient comprendre par ce seul mensonge combien le menteur les méprise, et comme il croit pouvoir se moquer d'eux sans risques !

La vérité, c'est qu'en renversant le Cabinet Méline, M. Drumont ne voulait pas autrement d'un Cabinet Brisson, et la preuve en est que M. Drumont a constamment voté contre Brisson qu'il appelait la pierre angulaire de la franc-maçonnerie...

Ce qu'il voulait, c'était le gâchis et le coup d'Etat.

Il suffira de se rappeler les conditions d'existence qui furent faites au Cabinet Brisson, il suffira d'ouvrir la collection de la *Libre Parole* pour ne plus conserver aucun doute sur le parti que M. Drumont voulait tirer des événements.

Quand nous assistons maintenant aux démentis
que le scribe de la Réaction se donne à lui-même, le
sentiment de mépris que nous ressentons, pour lui et
pour ses pareils, est d'ailleurs compensé par le plaisir que nous éprouvons à voir les pires adversaires de
la République réduits à un degré de faiblesse tel qu'ils
n'osent plus avouer leur identité, et qu'ils préfèrent,
ces transfuges, s'en aller, quitter la scène sous un
nom et sous un uniforme d'emprunt. Les compa-
gnons de la *Fleur de Lys* rougissent de leur écusson
et le désavouent. Imitant le faible Louis XVI, surpris
par l'émeute, ils se coiffent du bonnet rouge et boi-
vent à la bouteille du motionnaire.

On pourrait sur ce thème, rimer plus d'une bal-
lade :

> Prince ! où sont-ils tes paladins !
> Ceux qui mouraient sous l'oriflamme ?
> — Aujourd'hui, sans force et sans âme,
> Déguisés, masqués, baladins,
> Servent pour l'or de la sacoche
> Qui te tient lieu d'épée au flanc ;
> Mais, en face du drapeau blanc,
> Disent : « C'est un mouchoir de poche ! »

Union Républicaine

Il y a des hommes, comme M. Drumont, qui ne
se parent de l'étiquette républicaine que pour mieux
trahir les idées de justice et de progrès.

M. Waldeck-Rousseau en pénétrant leur dessein
a su évincer ces dangereux alliés.

Dans son discours de Saint-Étienne (12 janvier
1902), il disait fortement :

« La prochaine consultation du pays sera, pour la
République, une victoire d'autant plus signalée que
nous saurons nous imposer une plus ferme disci-
pline. L'objectif des prochaines élections doit être de
ramener au Parlement une majorité qui n'aura pas

recours à des patronages suspects et qui ne cherchera sa force que dans l'appui des républicains. »

Et plus loin parlant du nationalisme et de l'antisémitisme :

« Les habiles qui cherchent des succès dans cette équivoque font un faux calcul ; ils n'ont pas pris garde qu'à se cacher ainsi, les anciens partis signaient leur abdication et habituaient peu à peu le pays à constater leur déchéance définitive.

« Le XXᵉ siècle s'est levé sur les ruines à jamais dispersées de la royauté, de l'orléanisme et de l'empire ; et la démocratie française s'apprête à faire justice des vaines parodies, des contrefaçons grossières du patriotisme sincère ou de l'esprit de la Révolution. »

Ces paroles apporteront un puissant réconfort à tous ceux qui, dans la France métropolitaine et coloniale. luttent contre l'esprit de la Réaction.

Pleines de conviction et de confiance, elles inspirent la force, elles imposent le respect. Elles auront dans le pays un écho puissant, et l'Algérie saura joindre sa voix à celle de toutes les parties de la France qui viendront, aux élections, se ranger sous le drapeau de la République des républicains, dans une fédération imposante.

Du même cœur, nous chanterons la même victoire que nos frères de la Métropole. Et ce sera, ce jour-là, une grande joie que cette réconciliation indissoluble de la famille française.

Mise à la Retraite

Il existe une question juive en Algérie : c'est la question des nouveaux arrivants contre les anciens occupants ; question de concurrence vitale et commerciale, mal comprise et mal posée. car, à voir les choses sous leur vrai jour, on s'aperçoit vite qu'il n'y a pas ici trop d'argent, trop d'énergies, trop d'initiatives.

Les considérations de race ou de religion sont encore plus faibles dans un pays qui, sous ces rapports, n'a jamais été unifié et ne le saurait l'être

Mais, à côté de cette question juive, il existe aussi des questions algéroises : englober celles-ci dans celle-là, ne rien étudier, ne rien raisonner et fonder sur cette confusion une politique de sentiment, ce fut la plus grande faute des antisémites. Pour quelques sièges municipaux ou législatifs, ils sacrifièrent l'Algérie : leur sottise ou leur ambition l'emporta sur l'intérêt du peuple. Il a pu sembler à ceux qui ne possédaient rien, sinon leurs bras et leurs forces de travail, qu'ils avaient peu à perdre dans l'aventure ; quelques sophismes médiocres purent même leur laisser croire qu'entre ce qu'on appelait la révolution antijuive et la révolution sociale il y avait une parenté socialiste. — Comme si le socialisme humanitaire n'était pas le contraire de l'Inquisition !

Nous avons vu la faiblesse de ce raisonnement à l'usage des aveugles et des sourds...

Mais ne parlons pas de la foule. Le peuple est toujours excusable, car dans son ensemble il est une force et non une conscience. Ne nous occupons que des meneurs et des faiseurs, de ceux qui, après avoir soufflé un feu de guerre civile, surent mettre à profit la chaleur des passions pour faire bouillir leur marmite électorale. Ceux-là sont inexcusables... car ils savaient.

Ils savaient à quoi ils s'engageaient devant la foule excitée, et ils savaient aussi n'avoir aucun moyen de tenir leurs promesses.

Ils furent malhonnêtes et lâches.

Ils spéculaient sur l'ignorance et la misère.

Cette spéculation, ils entendent aujourd'hui la continuer sans prendre garde qu'ils ont, depuis quatre ans, fait faillite, tous les jours, à leurs promesses. Comme en 1898, ils veulent poser ainsi la question du scrutin : « Êtes-vous pour ou contre les Juifs ? ».

La fumisterie menace de s'éterniser.

Que diraient ces farceurs si le peuple algérien leur répondait simplement : « Messieurs, nous sommes d'abord pour nous. Que pouvez-vous faire en notre faveur ? »

Cette réflexion du simple bon sens détruirait toute l'argumentation fallacieuse des Drumont, des Marchal et des Morinaud.

Comment ne voit-on pas que le député de la première circonscription d'Alger se moque de l'Algérie ? Dans la déclaration de principes à laquelle nous faisons allusion, déclaration qu'il adresse aux électeurs de la 1re circonscription d'Alger et qu'il fait placarder, en affiches énormes, sur les vieilles pierres qui virent passer la tyrannie turque, et sur les bâtisses nouvelles qui virent naître la domination dégradante des Régis, il dit : « *Toutes les questions*, depuis les plus petites jusqu'aux plus grandes, depuis l'existence même du pays jusqu'à l'existence du plus modeste des citoyens, se rattachent à la question juive. »

Quel charlatan osa jamais vanter sa panacée en termes plus nus ?

— Toutes les questions, dites-vous, Monsieur Drumont : mais citez-nous donc un seul cas de mal de dents qui ait été guéri par une compresse antisémite ; citez-nous une seule crise ouvrière, politique ou diplomatique où votre onguent ait eu la moindre vertu !

Est-il vraisemblable, même aux yeux des bonnes femmes qui croient aux histoires de loups-garous, de farfadets et de sorciers, que l'évolution moderne gravite autour d'Israël ?

Quoi ! d'un côté les Israélites, et de l'autre l'Humanité ?

Quelle réclame pour la rue de la Lyre !...

Ah ! si vous nous disiez plus simplement : « Toute ma vie a tourné autour de la finance juive ; je suis la lune de cette planète, et n'ai jamais réflété d'autre clarté que celle de l'or juif », nous vous croirions sans peine. Mais de vos intérêts les plus mesquins, vous concluez à l'existence du monde, et, grisé de vos seules paroles, vous déclarez que la France est ivre...

Votre sotte histoire, vous n'avez pu la faire croire à

personne, et c'est à nous que vous venez, de guerre lasse, la raconter. A cet effet, vous consentez à passer la mer ; et, quand de retour dans la Métropole on vous expulse du Parlement républicain, dans les conditions que vous savez, vous protestez en disant : « Ne me touchez pas, je suis l'Algérie ! ».

Pardon ! vous êtes un vantard, qui sut trouver en Algérie des auditeurs crédules : et il faut vraiment que vous soyez doué d'une bosse de confiance et de présomption bien proéminente pour venir vous représenter devant ceux que vous avez si indignement abusés ; il faut, tout au moins, que vous ayez sur leur crédulité et sur leur patience des idées bien méprisantes.

L'autre jour, au cours de vos visites électorales dans les villages, un colon exprimait le sentiment des travailleurs de la terre algérienne en ces termes : « Nous ne voterons plus pour M. Drumont, car il nous a trompés ».

Un de vos lieutenants riposta : « S'il vous a trompés, c'est que vous êtes des imbéciles ! »

Serait-ce point le fond de votre pensée ?

En tous les cas, nous constatons que vous n'avez rien fait en quatre ans, rien pour la ville d'Alger, rien pour le département, rien pour l'Algérie, tout contre la République... et nous vous demandons : « Combien vous faut-il encore de législatures pour ne rien faire et pour tout oser ? »

Ainsi parlent dans leur for intérieur déjà, les Algériens soucieux de leur réputation et de leurs intérêts, et ces réflexions s'exprimeront bientôt avec infiniment plus de force que nous ne pouvons le faire par des mots, dans le simple geste de congé qui renverra l'indigne député se pourvoir devant une autre circonscription électorale, — s'il en est une autre digne de lui, après ses travaux algériens.

Un Désabonnement

Notre député sortant, se donne beaucoup de mal, dans sa déclaration électorale, pour persuader aux électeurs de la première circonscription d'Alger qu'il n'a pas changé depuis 1898, et pour leur démontrer que, s'il était alors digne de leurs suffrages, ils ne peuvent décemment les lui refuser aujourd'hui.

Cette apparente naïveté du faux bonhomme qu'est M. Drumont peut en effet entraîner quelques électeurs de facile composition ; mais la grande masse montre assez par sa froideur ou son hostilité qu'elle ne saurait s'accommoder d'un si piètre programme politique.

M. Drumont semble tout d'abord oublier une chose assez évidente, et point du tout négligeable : c'est que *nous ne sommes plus en 1898*.

Les Algériens avaient accordé quatre ans de législature à leur député ; ces quatre ans, il les a soigneusement employés au développement de ses affaires personnelles.

La *Libre Parole*, s'enfonçant chaque jour davantage dans le bas cléricalisme ignorantin, a prospéré grâce à l'appui de tous les badauds de Lourdes. L'administrateur, M. Devos, s'est vanté publiquement d'avoir économisé des sommes rondelettes, en ces quatre années d'exercice, grâce à certains trucs de publicité à lui connus, et à des placements d'actions à la forte cote, adroitement glissées à des banquiers israélites timorés. — M. Jules Guérin s'est chargé d'ailleurs d'initier le public à ces dessous de l'antisémitisme.

Pour notre part, ces révélations ne nous ont pas surpris, car longtemps auparavant nous avions montré que l'antisémitisme, tel que l'entend M. Drumont, n'est qu'un procédé littéraire et commercial, basé sur l'exploitation de la crédulité publique.

Mais pendant que l'*Idée* suivait son cours normal,

et immuable comme la révolution des saisons, que devenait l'Algérie ?

Hélas ! « elle cuisait dans son jus », pour employer la forte expression de Bismarck.

De ses besoins, de ses maux, de ses espérances, M. Drumont se souciait autant qu'un poisson d'une pomme.

Pas une seule fois il ne s'est dit en quatre ans : « Si 12.000 électeurs m'ont honoré de leurs suffrages, ce n'est probablement pas pour mes beaux yeux... c'est qu'ils voyaient dans l'antisémitisme un remède à leurs misères. Ce sont des gens crédules et respectables, étudions donc, maintenant que nous sommes élu, les questions complexes qu'ils ont englobé dans une synthèse brutale et tâchons à les résoudre ; efforçons-nous, tout au moins, de faire connaître au Parlement cette Algérie qu'on ignore ; montrons, en un mot, que l'antisémitisme n'est pas une formule politique vide de sens, et que nous ne sommes pas nous-même un attrape-nigauds... »

M. Drumont avait bien trop d'orgueil pour dialoguer ainsi avec lui-même.

— Quels veinards, ces Algériens, a-t-il dû se dire après son élection, d'avoir un député tel que moi !

Et s'il n'a pas pensé cela, il a agi du moins en conséquence, car toutes les actions de ce singulier législateur ont montré qu'il croyait avoir assez fait pour l'Algérie en lui donnant son nom et la visite de MM. Georges Thiébaud, Jean Drault, Devos et Gaston Méry.

Les Algériens sont sans doute sensibles aux honneurs, mais ils estiment aujourd'hui avoir payé assez cher l'étiquette drumontiste ; ils aspirent à vivre par eux-mêmes ; ils veulent que leur personnalité politique et sociale soit étudiée, représentée, mise en valeur ; ils s'aperçoivent enfin qu'on s'est servi de l'Algérie sans la servir, et ils estiment, en grand nombre, que le moment est venu pour eux de choisir un mandataire plus Algérien et plus républicain que M. Drumont.

Celui-ci n'a point changé ; — soit ! il est resté inerte, impotent, figé dans son absolutisme ; les

articles qu'il écrit aujourd'hui, il les écrivait en 1898.
Et voilà justement pourquoi les Algériens, qui ont eu
le temps de méditer sur la prose de M. Drumont,
n'éprouvent pas le besoin de s'abonner encore pour
quatre ans à la *Libre Parole*.

La Fin de l'Antisémitisme

L'heure est-elle venue où l'Algérie va se ressaisir ?
La raison et les apparences disent : oui.

Nous allons voir demain ce qui se cachait au fond
des consciences. Mais, avant l'épreuve du scrutin,
il est une vérité que nous tenons à proclamer parce
qu'elle est d'un ordre durable, parce qu'elle cons-
titue la force de nos convictions et de nos espoirs
infaillibles :

« Le règne des malfaiteurs politiques, des salta-
badils et des amuseurs de foule, que nous avons subi
trop longtemps, trouvera sa fin naturelle dans l'évolution même du peuple algérien. »

Qu'on ne s'y trompe pas : cela n'est point du fata-
lisme, encore moins de la résignation devant le
danger ; c'est la confiance dans les ressources d'un
organisme vigoureux, la certitude du retour à la santé
après la crise. *Nous ne doutons pas* : nous savons
que les choses ont une logique intérieure contre
laquelle rien ne peut prévaloir.

A nous, cependant, de hâter le moment où le
peuple algérien voudra bien penser à lui-même ; à
nous qui l'aimons, et à ceux qui ont accepté de la
Métropole la haute tutelle de ses intérêts, de préparer
une heureuse et prompte issue à ses agitations
stériles, à sa fièvre de croissance ; à nous d'étudier
sur place les conditions de la poussée coloniale, et
d'associer notre volonté à tant d'énergies bouillon-
nantes.

Les drumontistes ont calomnié, discrédité l'Algérie, sachons la montrer vraie et forte.

Il ne saurait échapper à personne, fût-ce aux simples voyageurs, que les doctrines de la *Libre Parole* ne sont pas l'expression de la terre algérienne.

Il y a ici autre chose.

Pour le constater et pour en témoigner, il suffit aux hommes d'observation de s'enfoncer un peu dans l'intérieur, de quitter le bord de la mer et d'oublier ses « écumes », pour prendre pied sur le terrain résistant de notre colonisation. Ils voient alors qu'un Max Régis et ses bandes, et ses créatures, — y compris M. Drumont, — n'ont aucune chance d'établir leur domination derrière le rideau, car nos colons ont d'autres soucis que de parader et de bluffer aux dépens des gobe-mouches.

Chacun doit, pour vivre, fournir sa tâche, accomplir un travail réel ; la terre même le veut ainsi.

Qu'on nous montre le travail utile d'un Régis ou d'un Lionne, ces prodiges d'ignorance et de fatuité. Nous les avons pourtant entendus se dire ouvriers, fils d'ouvriers ; mais ce sont des ouvriers de corruption... Ils se plaignent parfois de leurs fatigues... mais, dans le même ordre d'idées, le poète explique :

> Car c'est un dur métier que d'être belle femme.

Sans ces protecteurs, sans ces excitateurs, sans ces aguicheurs des bas instincts, M. Drumont ne serait rien en Algérie. Autant dire que son règne ne survivra pas à la crédulité d'une foule qu'on peut bien retenir et amuser quelque temps par des promesses, des boniments et des coquetteries ; mais sur laquelle on n'a de prise durable qu'en travaillant ou en agissant.

Il n'y a point d'hommes dans ce parti : il n'y a que des comédiens, des attroupeurs et des bateleurs. La force de M. Drumont en Algérie est basée sur des tréteaux. Autant dire que sa chute est fatale et qu'elle n'ébranlera point le sol.

Vers l'Oasis

Comparaison n'est pas raison ; mais nous avons
assez discuté, nous avons assez prouvé l'évidence...
Que d'une image empruntée aux choses d'Algérie
s'éclaire maintenant notre pensée, et que notre conviction apparaisse dans son sentiment de force profonde :

A l'approche du désert, une élimination se fait
dans les espèces végétales : les dernières graminées
disparaissent ; le règne minéral semble à jamais
vainqueur ; la mort et la lumière magnifient les
étendues désolées. D'où viendra le frisson de vie ?

Le miracle se produit pourtant ; la résurrection
éclate ; sous le ciel inclément apparaissent les luxu-
riantes oasis, où toutes les plantes s'enchevêtrent
dans une poussée merveilleuse ; car, du sein des
profondeurs, ont jailli les sources fécondantes.

Dans le domaine social, il est aussi des nappes
mystérieuses.

Sous les surfaces arides de la politique, le peuple,
en creusant plus avant les secrets de sa vie et de son
développement, trouvera les sources vives ; il recon-
naîtra que la plante humaine vit surtout de travail ;
il saura constituer, en Algérie comme dans la Métropole, une réserve d'énergies, un capital social suffisant à remédier aux périodes de sécheresse, aux
années de disette.

Alors la concurrence, qui divise aujourd'hui les races algériennes — aryennes ou sémitiques — perdra beaucoup de son âpreté : l'argent fécondateur, circulant dans les canaux algériens, multipliera les efforts de chacun par la puissance de l'épargne agricole, de la mutualité indigène et du crédit ouvrier.

Sachons nous employer à cette irrigation bienfaisante. L'œuvre est assez vaste pour suffire aux ambitions de tous.

Devant l'effort aboli des anciennes colonisations, nos pionniers modernes n'ont point douté d'eux-mêmes ; mais ils ont eu des impatiences en relevant les aqueducs ensablés. Les tourneurs de baguette, les sorciers trouveurs de source, les imitateurs grotesques du Moïse frappant le roc pour abreuver son peuple, avaient ici beau jeu. — Nous les avons vus à l'œuvre.

Ce qui manque à l'Algérie française, c'est un passé ; elle n'a qu'un défaut : celui d'être un pays jeune ; — mais ces choses-là se corrigent d'elles-mêmes.

Et voilà pourquoi nous avons confiance ; car nous savons que, tôt ou tard, les exigences de la vie sociale atténueront le mal politique.

Alger, le 21 avril 1902.

TABLE DES MATIÈRES

IMPRIMERIE ALGÉRIENNE, RUE BLANDAN, MUSTAPHA.